Ich bin Rica, das kleine Schaf.
Mein Hirte sorgt für mich
und meine Freunde, die andern Schafe.

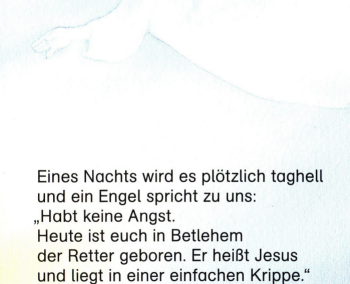

Eines Nachts wird es plötzlich taghell
und ein Engel spricht zu uns:
„Habt keine Angst.
Heute ist euch in Betlehem
der Retter geboren. Er heißt Jesus
und liegt in einer einfachen Krippe."

Erstaunt schauen wir uns an.
So etwas haben wir noch nicht erlebt.
Dann freuen wir uns und machen
uns auf den Weg nach Betlehem.

Im Dorf gehen wir von Tür zu Tür
und mein Hirte fragt nach dem
neugeborenen Kind.
Doch niemand weiß etwas von ihm.

Schließlich suchen wir bei den Davidshöhlen.
Dort finden wir Jesus
in einer einfachen Futterkrippe.
Ich kuschle mich glücklich zu Jesus ins Stroh.